무량공덕 사경 11

佛說阿彌陀經

권하는 글

사경은 무량공덕의 기도

무비스님

　대승불교 정토종의 소의경전인 정토삼부경 중의 하나인 아미타경은 석가모니 부처님께서 기원정사에 머무실 때 제자 사리불을 상대로 하여 아미타부처님과 그 분이 머물고 계시는 서방정토 극락세계의 무량한 공덕과 아름답고 장엄한 국토의 모습을 상세히 설명하고 지극한 일념의 마음으로 아미타불의 명호를 부르면 극락세계에 왕생할 수 있음을 설법하신 경전으로, 경전의 마지막 부분에서는 신화적인 묘사로 우주법계에 계시는 여러 세계에 많은 부처님들이 석가모니 부처님의 이 말씀이 진실임을 함께 증명해 주시며 특별히 왕생을 권하는 내용입니다. 이 경에 의하면 아미타불이 지금도 설법하고 계시는 서방정토 극락세계는 법장비구가 우주의 온 세계를 두루 다니면서 각 국토의 가장 좋은 점만을 따와서 자신의 48가지 큰 서원을 모아 만든 실재의 세계입니다.
　극락세계에는 지금도 아미타불이 설법하고 계시는데 아미타불이라고 하는 이유는 아미타불의 광명이 한량없고 아미타불과 그곳에 사는 이들의 수명이 한량없기 때문입니다. 우리가 한 생을 살아가면서 이와 같은 귀중한 가르침을 만난다는 것은 이 세상에 그 무엇과도 비교할 수 없는 행복한 일입니다.

경전을 통한 수행에는 네 가지를 듭니다. 서사(書寫)·수지(受持)·독송(讀誦)·해설(解說)이 그것입니다. 서사란 사경(寫經)으로서 경전을 쓰는 일입니다. 경전을 쓰는 일은 온 몸과 마음을 다해야 하기 때문에 최상제일이며 무량공덕의 기도가 됩니다. 사람이 살아가는 일에 있어서 이보다 더 소중하고 값진 일은 없을 것입니다.

사경공덕수승행 무변승복개회향
寫經功德殊勝行 無邊勝福皆廻向
보원침익제유정 속왕무량광불찰
普願沈溺諸有情 速往無量光佛刹

경을 쓰는 이 공덕 수승하여라
가없는 그 복덕 모두 회향하여
이 세상의 모든 사람 모든 생명들
무량광불 나라에서 행복하여지이다.

불기 2545년 동안거

발원문

사경제자 : 　　　　　　　　　　　　　　　　　　합장

사경시작 일시 : 　　　　　　　　　년　　월　　일

사경의식

삼귀의례

거룩한 부처님께 귀의합니다.
거룩한 가르침에 귀의합니다.
거룩한 스님들께 귀의합니다.

개경게

가장 높고 미묘하신 부처님 법
백천만 겁 지나도록 인연 맺기 어려워라
내가 이제 불법진리 보고 듣고 옮겨 쓰니
부처님의 진실한 뜻 깨우치기 원합니다.

사경발원

자신이 세운 원을 정성스런 마음으로 발원한다.

입정

정좌해서 마음을 고요히 하여 사경할 자세를 갖춘다.

사경시작

사경끝남

사경봉독

   손수 쓴 경전을 소리내어 한 번 독송한다.

사경회향문

   경을 쓰는 이 공덕 수승하여라
   가없는 그 복덕 모두 회향하여
   이 세상의 모든 사람 모든 생명들
   무량광불 나라에서 행복하여지이다.

불전삼배

사홍서원

   중생을 다 건지오리다.
   번뇌를 다 끊으오리다.
   법문을 다 배우오리다.
   불도를 다 이루오리다.

佛說阿彌陀經
불설아미타경

法會衆證分 第一
법회중등분 제일

如是我聞 一時 佛 在舍衛國
여시아문하사 일시에 불께서 재사위국

祇樹給孤獨園 與大比丘僧 千二百
기수급고독원하사 여대비구승 천이백

五十人 俱 皆是大阿羅漢 衆所
오십인으로 구니하시 개시대아라한이며 중소

知識이라 長老舍利弗(장로사리불)과 摩訶目犍連(마하목건련)과 摩訶迦葉(마하가섭)과 摩訶迦栴延(마하가전연)과 摩訶俱絺羅(마하구치라)와 離婆多(이바다)와 周利槃陀伽(주리반타가)와 難陀(난타)와 阿難陀(아난타)와 羅睺羅(라후라)와 憍梵波提(교범바제)와 賓頭盧(빈두로)와 頗羅墮(파라타)와 迦留陀夷(가루타이)와 摩訶劫賓那(마하겁빈나)와 薄拘羅(박구라)와 阿㝹樓馱(아누루타)와 如是等(여시등) 諸大弟子(제대제자)이며

竝_병諸_제菩_보薩_살摩_마訶_하薩_살_인 文_문殊_수師_사利_리法_법王_왕子_자와
阿_아逸_일多_다菩_보薩_살과 乾_건陀_타訶_하提_제菩_보薩_살과 常_상精_정進_진
菩_보薩_살과 與_여如_시是_시等_등諸_제大_대菩_보薩_살과 及_급釋_석提_제桓_환
因_인等_등 無_무量_량諸_제天_천大_대衆_중으로 俱_구다러시

佛_불土_토依_의正_정分_분 第_제二_이

爾時에 佛告 長老舍利弗하사 從是西
方으로 過十萬億佛土하야 有世界하니 名曰
極樂이요 其土에 有佛하시니 號阿彌陀시라 今
現在說法하시나라

寶樹池蓮分 第三

舍利弗아 彼土를 何故로 名爲極樂고 其國衆生은 無有衆苦하고 但受諸樂일새 故名極樂이라니 又舍利弗아 極樂國土에는 七重欄楯과 七重羅網과 七重行樹에 皆是四寶로 周匝圍繞할새 是故로 彼國을 名曰極樂이라니 又舍利弗아 極樂國土에 有七

寶池보지하니 八功德水팔공덕수가 充滿其中충만기중하고 池底지저에
純以金沙순이금사로 布地포지하며 四邊階道사변계도에는 金금
銀琉璃玻瓈은유리파려로 合成합성하였으며
以金銀이금은 琉璃玻瓈유리파려 硨磲자거 赤珠적주 瑪瑙마노로
而嚴飾之이엄식지하며 池中蓮華지중연화에는 大如車輪대여거륜하되
青色青光청색청광이며 黃色黃光황색황광이며 赤色赤光적색적광

上有樓閣상유누각하되 亦역

白색백광이니 微妙香潔미묘향결하니라 舍利弗사리불아 極극
樂국토에 成就성취여시 如是功德莊嚴공덕장엄이라하니

天人供養分천인공양분 제사 第四

又舍利弗우사리불아 彼佛國土피불국토에 常作天樂상작천악하며
黃金황금으로 爲地위지하고 晝夜六時주야육시로 雨天曼陀우천만다

羅華든하거 其國衆生이 常以清旦에 各以衣
祴극으로 盛衆妙華하야 供養他方十萬億佛
하고 即以食時에 還到本國하야 飯食經行
하나니
舍利弗아 極樂國土에 成就如是功德莊
嚴이라하니

禽樹演法分 第五

復次舍利弗 彼國 常有種種奇妙
雜色之鳥 白鶴 孔雀 鸚鵡 舍利
迦陵頻伽 共命之鳥 是諸衆鳥 晝夜
六時 出和雅音 其音 演暢五根五
力 七菩提分 八聖道分 如是等法

其土衆生聞是音已에皆悉念佛念法念
僧하나니라
舍利弗아汝勿謂此鳥를實是罪報
所生이라하라所以者何오彼佛國土에는無三惡
道하니라舍利弗아其佛國土에尚無三惡道
之名이온何況有實가是諸衆鳥는皆是阿
彌陀佛이欲令法音宣流하사變化所作이니라

舍利弗아 彼佛國土에는 微風이 吹動하면 諸
寶行樹와 及寶羅網에서 出微妙音하나니 譬
如百千種樂이 同時俱作이라 聞是音者는
皆自然生念佛 念法 念僧之心이니라
舍利弗아 其佛國土에는 成就如是功德
莊嚴이라하니

佛德無量分 第六

舍利弗아 於汝意云何오 彼佛을 何故로
號阿彌陀어뇨 舍利弗아 彼佛은 光明이 無
量하사 照十方國하사대 無所障碍일새 是故로 號
爲阿彌陀라시니 又舍利弗아 彼佛의 壽命과 及

其人民이 無量無邊阿僧祇劫故로 名
阿彌陀라시니 舍利弗아 阿彌陀佛이 成佛以
來로 於今十劫이니라 又舍利弗아 彼佛이 有
無量無邊聲聞弟子시니 皆阿羅漢이라 非
是算數之所能知이며 諸菩薩도 亦復如
是하니 舍利弗아 彼佛國土에 成就如是功

德덕莊장嚴엄이라하니

往생生發발願원分분 第제七칠

又우舍사利리弗불아 極극樂락國국土토에 衆중生생生생者자는 皆개是시阿아鞞비跋발致치라 其기中중에 多다有유一일生생補보處처하야 其기數수甚심多다하며 非비是시算산數수의 所소能능知지之지라

但可以無量無邊阿僧祇劫으로 說舍
利弗아 衆生聞者는 應當發願하야 願生
彼國이니 所以者何오 得與如是諸上善
人으로 俱會一處니라

修持正行分 第八

舍利弗아 不可以少善根福德因緣으로
得生彼國이라니
舍利弗아 若有善男子善女
人이 聞說阿彌陀佛하고 執持名號하되 若一
日 若二日 若三日 若四日 若五日
若六日 若七日 一心不亂하면 其人이
臨命終時에 阿彌陀佛이 與諸聖衆으로 現

在其前하시니라 是人終時에 心不顚倒하야 卽得
往生阿彌陀佛極樂國土니하시라 舍利弗아
我見是利일새 故說此言하노라 若有衆生이
聞是說者는 應當發願하야 生彼國土니라

同讚勸信分 第九

舍利弗아 如我今者에 讚歎阿彌陀佛 不可思議功德하야 東方에 亦有阿閦鞞佛 須彌相佛 大須彌佛 須彌光佛 妙音佛 如是等恒河沙數諸佛이 各於 其國에서 出廣長舌相하야 遍覆三千大千 世界하사 說誠實言 汝等衆生이 當信

是稱讚不可思議功德一切諸佛所
護念經 舍利弗 南方世界에 有日月
燈佛 名聞光佛 大焰肩佛 須彌燈佛
無量精進佛 如是等 恒河沙數諸佛이
各於其國에서 出廣長舌相하사 遍覆三千
大千世界하사 說誠實言 汝等衆生이

當신시칭찬불가사의공덕일체제
信是稱讚不可思議功德 一切諸
佛의소호념경   서방세계에
佛所護念經 舍利弗 西方世界에
유무량수불   무량상당불대
有無量壽佛 無量相佛 無量幢佛大
광불   대명보상불   정광불여시
光佛 大明佛 寶相佛 淨光佛 如是
등   항하사수제불이각어기국에출광
等 恒河沙數諸佛 各於其國 出廣
장설상하야변부삼천대천세계하사설성
長舌相 遍覆三千大千世界 說誠

實言하사 汝等衆生이 當信是稱讚不可思議功德 一切諸佛의 所護念經이라하나니라

舍利弗아 北方世界에 有焰肩佛 最勝音佛 難沮佛 日生佛 網明佛 如是等 恒河沙數諸佛이 各於其國에서 出廣長舌相하사 遍覆三千大千世界하사 說誠實言하사대 汝

等중생衆生이 當당信신是시稱칭讚찬不불可가思사議의功공德덕인
一일切체諸제佛불의 所소護호念념經경이라하나니

舍사利리弗불아 下하方방
世세界계에 有유師사子자佛불 名명聞문佛불 名명光광佛불 達달
摩마佛불 法법幢당佛불 持지法법佛불하야 如여是시等등 恒항河하沙사
數수諸제佛불이 各각於어其기國국에 出출廣광長장舌설相상하야 遍변
覆부三삼千천大대千천世계界하사 說설誠성實실言언하사대 汝여等등

三〇

衆生이 當信是稱讚不可思議功德一切諸佛의所護念經이라 하시나니라

舍利弗아 上方世界에 有梵音佛 宿王佛 香上佛 香光佛 大焰肩佛 雜色寶華嚴身佛 娑羅樹王佛 寶華德佛 見一切義佛 如須彌山佛 如是等 恒河沙數諸佛이

各어기국에出광장설상하야遍변부삼천
於기出廣長舌相遍覆三千
大대천세계하사說설성실언汝여등중생이당
千世界說誠實言汝等眾生當
信신시칭찬불가사의공덕인一일체제불의
是稱讚不可思議功德一切諸佛
所소호념경라시나니하
護念經

聞法信願分 第十
문법신원분 제십

舍利弗아 於汝意云何오 何故로 名爲
사리불아 어여의운하오 하고로 명위

一切諸佛의 所護念經고 舍利弗아 若有
일체제불의 소호념경고 사리불아 약유

善男子善女人이 聞是經受持者와 及聞
선남자선여인이 문시경수지자와 급문

諸佛名者는 是諸善男子善女人이 皆爲
제불명자는 시제선남자선여인이 개위

一切諸佛共所護念이라 皆得不退轉於
일체제불공소호념이라 개득불퇴전어

阿耨多羅三藐三菩提니라 是故로 舍利弗아 汝等이 皆當信受我語 及諸佛所說ᄒᆞ라 舍利弗아 若有人이 已發願ᄒᆞ며 今發願ᄒᆞ며 當發願ᄒᆞ야 欲生阿彌陀佛國者ᄂᆞᆫ 是諸人等이 皆得不退轉 於阿耨多羅三藐三菩提ᄒᆞ야 於彼國土에 若已生ᄒᆞ거나 若今生ᄒᆞ거나

若當生하나니 是故로 舍利弗아 諸善男子와
善女人이 若有信者는 應當發願하야 生彼
國土니라

互讚感發分 第十一

舍利弗아 如我今者에 稱讚諸佛不

可思議功德하야 彼諸佛等도 亦稱說我不
可思議功德하사 而作是言하대 釋迦牟尼
佛이 能爲甚難希有之事하사 能於娑婆
國土 五濁惡世 劫濁 見濁 煩惱濁
衆生濁 命濁中 得阿耨多羅三藐三
菩提하사 爲諸衆生하야 說是一切世間難

信_신之_지法_법이라시니하라 舍_사利_리弗_불아 當_당知_지하라 我_아於_어五_오濁_탁惡_악世_세에 行_행此_차難_난事_사하야 得_득阿_아耨_뇩多_다羅_라三_삼藐_먁三_삼菩_보提_리하사 爲_위一_일切_체世_세間_간하야 說_설此_차難_난信_신之_지法_법이 是_시爲_위甚_심難_난이라이니

流_유通_통普_보度_도分_분 第_제十_십二_이

佛說此經已ᄂᆞ시니 舍利弗과 及諸比丘와
一切世間天人阿修羅等이 聞佛所說ᄒᆞ숩고
歡喜信受ᄒᆞ야 作禮以去ᄒᆞ니라

佛說阿彌陀經 終

불설아미타경(佛說阿彌陀經)

무비 스님

제1. 법회중증분(法會衆證分)

이와 같이 내가 들었다.

한때 부처님께서 천 이백 오십 인의 비구들과 사위국 기원정사에 함께 계시었다.

그들은 모두 널리 알려진 큰 아라한들이었으니, 즉 장로 사리불·마하목건련·마하가섭·마하가전연·마하구치라·리바다·주리반타카·난다·아난다·라후라·교범바제·빈두로파라타·가루다이·마하겁빈나·박구라·아누루타와 같은 큰 제자들이었다.

이 밖에 보살마하살과 법의 왕자인 문수사리를 비롯해 아일다보살·건타하제보살·상정진보살 등 큰보살님들과 그리고 석제, 환인 등 수많은 천인들도 자리를 함께 하였다.

제2. 불토의정분(佛土依正分)

그 때 부처님께서 장로 사리불에게 말씀하셨다.

"여기에서 서쪽으로 십만억 불국토를 지나면 한 세계가 있으니, 그 이름을 '극락'이라 하느니라. 거기에 아미타불이 계시어 지금도 극락세계에서 설법하고 계시느니라.

제3. 보수지연분(寶樹池蓮分)

사리불이여, 저 세계를 어째서 극락이라 하는 줄 아느냐? 그곳에 있는 중생들은 아무 괴로움도 없이 오직 즐거움만 있으므로 극락이라 하는 것이다. 또 사리불이여, 극락 세계에는 일곱 겹으로 된 난간과 일곱 겹의 나망(구슬로 장식된 그물)과 일곱 겹 가로수가 있는데, 금·은·청옥·수정의 네 가지 보석으로 눈부시게 장식되어 있다. 그러므로 그 나라를 극락이라 하느니라. 또 사리불이여, 극락 세계에는 또 칠보로 된 연못이 있는데, 그 연못에는 여덟 가지 공덕수로 가득차 있으며, 연못 바닥은 금모래가 깔려 있고, 연못 둘레에는 금·은·유리·파려 등의 보배로 이루어진 층계가 있으며, 그 위에는 누각이 있어 역시 금·은·유리·파려·진주·마노 등의 칠보로 장엄하게 꾸며져 있느니라. 그리고 그 연못 속에는 수레바퀴만한 연꽃이 피어 있는데, 푸른 빛에서는 푸른 광채가 나고, 누른 빛에서는 누른 광채가 나고, 붉은 빛에서는 붉은 광채가 나고, 흰 빛에서는 흰 광채가 나서 참으로 아름답고 향기롭고 정결하다.

사리불이여, 극락세계는 이와 같은 공덕장엄으로 이루어져 있느니라.

제4. 천인공양분(天人供養分)

또 사리불이여, 저 부처님세계에는 항상 천상의 음악이 울려퍼지고 대지는 황금색으로 빛나고 있으며, 그리고 밤낮으로 천상의 만다라 꽃비가 내린다. 그 불국토의 중생들은 이른 아침마다 바구니에 여러 가지 아름다운 꽃을 담아 가지고 다른 십만억 불국토의 부처님께 공양하고 조반 전에 본국으로 돌아와 공양을 마치고 산책을 즐기며 수행한다.

사리불이여, 극락 세계에는 이와 같은 공덕장엄으로 이루어져 있느니라.

제5. 금수연법분(禽樹演法分)

또 그 불국토에는 아름답고 기묘한 여러 빛깔을 가진 백학·공작·앵무새·사리새·가릉빈가·공명조 등의 새가 있어서 밤낮을 가리지 않고 항상 평화롭고 맑은 소리로 노래한다. 그들이 노래하면 오근(五根 ; 신심·정진·바른 생각·선정·지혜)과 오력(五力 ; 믿는 힘·정진하는 힘·생각하는 힘·선정의 힘·지혜의 힘)과 칠보리분(七菩提分 ; 수행시 선악을 가리는 일곱 가지 지혜)과 불교의 수행법인 팔성도분(八聖道分)과 같은 팔정도(八正道 ; 正見·正思惟·正語·正業·正命·正精進·正念·正定)를 설하는 소리가 흘러 나온다. 그래서 극락세계의 중생들은 이 소리를 들으면, 모두 부처님을 생각하고 법문을 생각하며 스님들을 생각하게 되느니라.

사리불이여, 그대는 이 새들이 죄업의 과보로 생긴 것이라고는 생각하지 말라.

왜냐하면 그 불국토에는 지옥·아귀·축생 등 삼악도(三惡道)가 없기 때문이다. 거기에는 지옥이라는 이름도 없는데 어떻게 실지로 그런 것이 있겠는가. 이러한 모든 새들은 법문을 설하기 위해 모두 아미타불께서 화현으로 만드신 것이다. 그 불국토에서 약간 미풍만 불어도 보석으로 장식된 가로수와 나망에서 아름답고 미묘한 소리가 나는데, 그 소리가 마치 백천 가지 악기가 합주되는 것과 같다. 이 소리를 듣는 사람은 누구나 다 부처님을 생각하고 법문을 생각하며 스님들을 생각하는 마음이 저절로 우러난다.

 사리불이여, 극락 세계는 이와 같은 공덕장엄으로 이루어져 있느니라.

제6. 불덕무량분(佛德無量分)

 사리불이여, 저 부처님을 어째서 '아미타불'이라 부르는지 아느냐? 저 부처님의 광명은 한량없어서 시방세계를 두루 비춤에 조금도 걸림이 없기 때문에 아미타불이라 하느니라. 또 그 부처님의 수명과 그 나라 사람의 수명이 한량없고 끝이 없는 아승지겁이므로 아미타불이라 한다. 아미타불이 부처가 된 지도 벌써 십겁(十劫)이 되었느니라.

 사리불이여, 그 부처님에게는 헤아릴 수 없이 많은 성문(부처님의 말씀을 듣고 그대로 수행하는 사람) 제자들이 있는데 모두 아라한들이다. 그 수는 어떠한 산수로도 그 수효를 헤아릴 수 없으며, 보살대중의 수도 또한 그러하다.

 사리불이여, 극락 세계는 이와 같은 공덕장엄으로 이루어져 있느니라.

제7. 왕생발원분(往生發願分)

사리불이여, 극락세계에 태어나는 중생들은 모두 보리심에서 물러나지 않는 이들이며, 그 가운데는 일생 보처(이번 일생만 지나면 다음 생에는 부처가 되는 보살의 최고 지위)에 오른 이들이 많아 숫자와 비유로도 헤아릴 수 없으며, 다만 무량 무변한 아승지겁으로 표현할 수밖에 없느니라. 사리불이여, 이 말을 들은 중생들은 마땅히 서원을 세워 저 세계에 태어나기를 발원해야 하느니라. 왜냐하면, 거기(극락세계)에 가면 그와 같이 으뜸가는 착한 사람들과 함께 모여 살 수 있기 때문이다.

제8. 수지정행분(修持正行分)

사리불이여, 조그마한 선근이나 하찮은 복덕의 인연으로는 저 극락세계에 왕생할 수는 없느니라.

사리불이여, 선남자·선여인들이 있어 아미타불에 대한 설법을 듣고 하루나 이틀 혹은 사흘·나흘·닷새·엿새·이렛동안 한결같은 마음으로 아미타불의 명호를 외우되 조금도 마음이 흐트러지지 않으면 그 사람이 임종할 때 아미타불이 여러 거룩한 분들과 함께 그 사람 앞에 나타날 것이다. 그러면 그가 임종할 때에 마음이 휘둘리지 아니하여 곧바로 아미타불의 극락 세계에 왕생하게 되느니라.

사리불이여, 나는 이러한 도리를 알고 이와 같은 말을 하는 것이니 어떤 중생이든지 이 말을 듣는 이는 마땅히 저 극락 세계에 서원을 세워 왕생하기를 발원해야 하느니라.

제9. 동찬권신분(同讚勸信分)

사리불이여, 내가 지금 아미타불의 한량없는 공덕을 찬탄한 것처럼, 동방에도 아촉비불·수미상불·대수미불·수미광불·묘음불 등 항하사 수의 여러 부처님이 계시는데, 그 부처님들이 각기 그 세계에서 삼천대천세계에 두루 미치도록 진실한 말씀으로 설법하시기를, '너희 중생들은 마땅히 불가사의한 공덕을 찬탄하고 모든 부처님이 한결같이 호념하시는 이 경을 믿으라.'고 하시느니라.

사리불이여, 남방세계에도 일월등불·명문광불·대염견불·수미등불·무량정진불 등 항하사 수의 여러 부처님이 계시는데, 그 부처님들이 각기 그 세계에서 삼천대천세계를 두루 미치도록 진실한 말씀으로 설법하시기를, '너희 중생들은 마땅히 불가사의한 공덕을 찬탄하시고 모든 부처님이 한결같이 호념하시는 이 경을 믿으라.'고 하시느니라.

사리불이여, 서방세계에도 무량수불·무량상불·무량당불·대광불·대명불·보상불·정광불 등 항하사 수의 여러 부처님이 계시는데, 그 부처님들이 각기 그 세계에서 삼천대천세계에 두루 미치도록 진실한 말씀으로 설법하시기를, '너희 중생들은 마땅히 불가사의한 공덕을 찬탄하시고 모든 부처님이 한결같이 호념하시는 이 경을 믿으라.'고 하시느니라.

사리불이여, 북방세계에도 염견불·최승음불·난저불·일생불·망명불 등 항하사 수의 여러 부처님이 계시는데 그 부처님들이 각기 그 세계에서 삼천대천세계에 두루 미치도록 진실한 말씀으로 설법하시기를, '너희 중생들은 마땅히 불가사의한 공덕을 찬탄하시고 모든 부처님이 한결같이 호념하시는 이 경을 믿으라.'고 하시느니라.

사리불이여, 하방 세계에도 사자불·명문불·명광불·달마불·법당불·지법불 등 항하사 수의 여러 부처님이 계시는데, 그 부처님들이 각기 그 세계에서 삼천대천세계에 두루 미치도록 진실한 말씀으로 법을 설하시기를, '너희 중생들은 불가사의한 공덕을 찬탄하고 모든 부처님이 한결같이 호념하시는 이 경을 믿으라'고 하시느니라.

사리불이여, 상방세계에서도 범음불·숙왕불·향상불·향광불·대염견불·잡색보화엄신불·사라수왕불·보화덕불·견일체의불·여수미산불 등 항하사 수의 여러 부처님이 계시는데 그 부처님들이 각기 그 세계에서 삼천대천세계에 두루 미치도록 진실한 말씀으로 설법하시기를, '너희 중생들은 마땅히 불가사의한 공덕을 찬탄하시고 모든 부처님이 한결같이 호념하시는 이 경을 믿으라.'고 하느니라.

제10. 문법신원분(聞法信願分)

사리불이여, 어째서 이 경을 가리켜 모든 부처님들이 한결같이 호념하시는 경이라 하는 줄 아는가? 선남자·선여인들이 있어 이 경을 듣고 받아지니거나 부처님의 명호를 들으면 남자·선여인들은 모든 부처님의 보호를 받게 되어 바른 깨달음에서 물러서지 않게 되느니라. 그러므로 사리불이여, 그대들은 내 말과 모든 부처님의 말씀을 잘 믿어야 하느니라.

사리불이여, 어떤 사람이 만약 아미타불의 세계에 가서 나기를 이

미 발원하였거나 지금 발원하거나 혹은 장차 발원한다면, 그는 바른 깨달음에서 물러나지 않고, 그 극락세계에 이미 태어났거나 지금 태어나거나 혹은 장차 태어날 것이니라. 그러므로 사리불이여, 신심이 있는 선남자·선여인들은 마땅히 극락세계에 태어나기를 발원해야 하느니라.

제11. 호찬감발분(互讚感發分)

사리불이여, 내가 지금 여러 부처님의 불가사의한 공덕을 칭찬하듯이, 저 부처님들도 또한 나의 불가사의한 공덕을 칭찬하시기를, '석가모니 부처님이 어렵고 희유한 일을 하셨다. 시대가 흐리고, 견해가 흐리고, 번뇌가 흐리고, 중생이 흐리고, 생명이 흐린 가운데에도 능히 위없는 바른 깨달음을 얻으시고 모든 중생들을 위해 세상 사람들이 믿기 어려운 미묘한 법을 말씀하셨도다.'라고 하시느니라.

사리불이여, 마땅히 알지니 내가 이 오탁악세에서 갖은 고행 끝에 바른 깨달음을 얻고, 모든 세상을 위해 믿기 어려운 법을 설하는 것은 참으로 어려운 일이 아닐 수 없다."

제12. 유통보도분(流通普度分)

부처님께서 이 경전 설함을 마치시니, 사리불과 비구들과 모든 세간의 천상 사람들과 아수라들이 부처님의 말씀을 듣고 기뻐하면서 예배를 올리고 물러갔습니다.

불설아미타경 끝

회 향 문

사경제자 :   합장

사경마침 일시 :   년   월   일

❀ 정성스럽게 쓰신 사경본 처리 방법 ❀

- 가보로 소중히 간직합니다.
- 본인이 지니고 독송용으로 사용합니다.
- 다른 분에게 선물합니다.
- 돌아가신 분을 위한 기도용 사경은 절의 소대에서 불태워 드립니다.
- 법당, 불탑, 불상 조성시에 안치합니다.

도서출판 窓 "무량공덕 사경" 시리즈

제1권	반야심경 무비스님 편저	제11권	불설아미타경 무비스님 편저
제2권	금강경 무비스님 편저	제12권	원각경보안보살장 무비스님 편저
제3권	관세음보살보문품 무비스님 편저	제13권	천지팔양신주경 무비스님 감수
제4권	지장보살본원경 무비스님 편저	제14권	대불정능엄신주 무비스님 편저
제5권	천수경 무비스님 편저	제15권	수보살계법서 무비스님 편저
제6권	부모은중경 무비스님 편저	제16권	불설우란분경 무비스님 편저
제7권	목련경 무비스님 편저	제17권	미륵삼부경 무비스님 편저(근간)
제8권	삼천배 삼천불 무비스님 편저	제18권	화엄경약찬게 무비스님 편저(근간)
제9권	보현행원품 무비스님 감수	제19권	법성게 무비스님 편저(근간)
제10권	신심명 무비스님 편저	제20권	묘법연화경(전7권) 무비스님 편저(근간)

도서출판 窓 "무량공덕 우리말 사경" 시리즈(근간)

제1권	우리말 반야심경 무비스님 편저	제6권	우리말 부모은중경 무비스님 편저
제2권	우리말 금강경 무비스님 편저	제7권	우리말 예불문 무비스님 편저
제3권	우리말 관세음보살보문품 무비스님 편저	제8권	우리말 백팔대참회문 무비스님 편저
제4권	우리말 지장보살본원경 무비스님 편저	제9권	우리말 묘법연화경(전7권) 무비스님 편저
제5권	우리말 천수경 무비스님 편저	제10권	우리말 삼천배 삼천불 무비스님 감수

도서출판 窓 "묘법연화경 한지 사경" 시리즈 무비스님 감수

제1권 묘법연화경(제1품, 제2품)
제2권 묘법연화경(제3품, 제4품)
제3권 묘법연화경(제5품, 제6품, 제7품)
제4권 묘법연화경(제8품, 제8품, 제9품, 제10품, 제11품, 제12품, 제13품)
제5권 법연화경(제14품, 제15품, 제16품, 제17품)
제6권 묘법연화경(제18품, 제19품, 제20품, 제21품, 제22품, 제23품)
제7권 묘법연화경(제24품, 제25, 제26품, 제27품, 제28품)

※표지: 비단표지, 본문: 고급국산한지

¤ "무량공덕 사경" 시리즈는 계속 간행됩니다.

☆ 법보시용으로 다량주문시 특별 할인해 드립니다.
☆ 원하시는 불경의 독송본이나 사경본을 주문하시면 정성껏 편집·제작하여 드립니다.

◆ 무비(如天 無比) 스님
· 전 조계종 교육원장.
· 범어사에서 여환스님을 은사로 출가.
· 해인사 강원 졸업.
· 해인사, 통도사 등 여러 선원에서 10여년 동안 안거.
· 통도사, 범어사 강주 역임.
· 조계종 종립 은해사 승가대학원장 역임.
· 탄허스님의 법맥을 이은 강백.
· 화엄경 완역 등 많은 집필과 법회 활동.

▶ 저서와 역서
· 『금강경 강의』, 『보현행원품 강의』, 『화엄경』, 『예불문과 반야심경』, 『반야심경 사경』 외 다수.

佛說阿彌陀經

초 판 발행· 2008년 2월 10일
14쇄 발행· 2025년 3월 5일
편   저 · 무비 스님
펴낸이 · 이규인
편   집 · 천종근
펴낸곳 · 도서출판 窓
등록번호 · 제15-454호
등록일자 · 2004년3월 25일

주소· 서울특별시 마포구 대흥로4길 49, 1층(용강동 월명빌딩)
전화· 322-2686, 2687/팩시밀리· 326-3218
e-mail· changbook1@hanmail.net
홈페이지 · http://www.changbook.co.kr

ISBN 978-89-7453-147-8 04220
정가 6,000원

* 파손된 책은 구입하신 서점이나 《도서출판 窓》에서 바꾸어 드립니다.
☞ 염화실(http://cafe.daum.net/yumhwasil)에서 무비스님의 강의를 들을 수 있습니다.